The School For Lazy Tea Drinkers: Short Stories for Swedish Language Learners

Artici Bilingual Books

Published by Artici Bilingual Books, 2024.

THE SCHOOL FOR LAZY TEA DRINKERS: SHORT STORIES FOR SWEDISH LANGUAGE LEARNERS

First edition. March 4, 2024.

Copyright © 2024 Artici Bilingual Books.

ISBN: 979-8224692354

Written by Artici Bilingual Books.

Table of Contents

Pianoläraren

I en liten stad vid foten av bergen bodde en kvinna vid namn Emilia. Hon var en pianolärare med en passion för musik som brann lika starkt som solen över de snötäckta topparna. Varje dag öppnade hon dörrarna till sitt hem och välkomnade elever i alla åldrar och nivåer för att dela med sig av sin kärlek till pianot.

Emilia hade själv lärt sig spela piano som barn och hade alltid drömt om att dela sin talang med andra. Hon visste att musik hade en kraft att förena människor och att lära sig att spela ett instrument inte bara handlade om att lära sig noter och ackord, utan också om att uttrycka känslor och skapa något vackert tillsammans.

En dag kom en ny elev till Emilias dörr. Han hette Viktor och var en äldre man med ett stillsamt utseende och ett glödande intresse för musik. Han hade aldrig spelat piano tidigare i sitt liv, men något inom honom hade alltid längtat efter att lära sig.

Emilia välkomnade Viktor in i sitt hem och satte honom framför pianot. Hon visste att det skulle bli en utmaning att lära en vuxen att spela, men hon var fast besluten att hjälpa honom att upptäcka glädjen och skönheten i musiken.

Veckorna gick och Viktor kom regelbundet till sina lektioner. Han kämpade med att koordinera sina fingrar och lära sig läsa noter, men Emilia uppmuntrade honom alltid att fortsätta försöka. Hon visste att musik krävde tålamod och hängivenhet, men att belöningen var värd all möda.

Efter månader av hårt arbete började Viktor äntligen att spela enkla melodier på egen hand. Hans ansikte lyste upp av glädje varje gång han lyckades spela rätt toner, och Emilia kände en stolthet som om han vore hennes eget barn.

Men en dag kom Viktor till lektionen med en allvarlig min. Han berättade för Emilia att han hade fått reda på att han hade en allvarlig sjukdom och att han inte visste hur lång tid han hade kvar att leva. Han sa att han ville spendera resten av sin tid med att göra det han älskade mest – att spela piano.

Emilia blev chockad av den plötsliga nyheten men insåg att hon måste stödja Viktor genom denna svåra tid. Tillsammans bestämde de sig för att fokusera på musiken och att låta den vara deras tröst och glädje i det som än skulle komma.

Veckorna gick och Viktor fortsatte att spela piano med en passion och intensitet som Emilia aldrig hade sett förut. Han spelade med hjärtat och själen, som om varje ton var en sista hälsning till livet självt.

Till slut kom den dagen då Viktor inte längre kunde komma till sina lektioner. Hans hälsa hade försämrats så mycket att han var tvungen att tillbringa sina dagar i sängen. Men han bad Emilia att komma och spela för honom, för han visste att musiken var det enda som kunde trösta honom i hans sista stunder.

Emilia gick hem till Viktor med sitt piano och spelade för honom i timmar. Hon spelade alla hans favoritmelodier och improviserade vackra stycken som hon hoppades skulle lugna hans själ och ge honom frid.

Till slut stannade musiken av och Viktor somnade fridfullt in med ett leende på läpparna. Han hade funnit tröst och glädje i musiken till det allra sista.

The Piano Teacher

In a small town at the foot of the mountains lived a woman named Emilia. She was a piano teacher with a passion for music that burned as brightly as the sun over the snow-capped peaks. Every day, she opened the doors to her home and welcomed students of all ages and levels to share her love for the piano.

Emilia had learned to play the piano as a child and had always dreamed of sharing her talent with others. She knew that music had the power to unite people and that learning to play an instrument was not just about learning notes and chords, but also about expressing emotions and creating something beautiful together.

One day, a new student arrived at Emilia's door. His name was Viktor, an older man with a serene demeanor and a burning passion for music. He had never played the piano before in his life, but something within him had always longed to learn.

Emilia welcomed Viktor into her home and seated him in front of the piano. She knew that teaching an adult to play would be a challenge, but she was determined to help him discover the joy and beauty of music.

Weeks went by, and Viktor came to his lessons regularly. He struggled to coordinate his fingers and learn to read music, but Emilia always encouraged him to keep trying. She knew that music required patience and dedication, but that the reward was worth all the effort.

After months of hard work, Viktor finally began to play simple melodies on his own. His face lit up with joy every time he managed to play the right notes, and Emilia felt a pride as if he were her own child.

But one day, Viktor arrived at his lesson with a serious expression. He told Emilia that he had been diagnosed with a serious illness and that he didn't know how much time he had left to live. He said he wanted to spend the rest of his time doing what he loved most – playing the piano.

Emilia was shocked by the sudden news but realized she had to support Viktor through this difficult time. Together, they decided to focus on the music and let it be their comfort and joy in whatever was to come.

Weeks went by, and Viktor continued to play the piano with a passion and intensity that Emilia had never seen before. He played with heart and soul, as if each note were a final greeting to life itself.

Eventually, the day came when Viktor could no longer come to his lessons. His health had deteriorated to the point where he had to spend his days in bed. But he asked Emilia to come and play for him, knowing that music was the only thing that could comfort him in his final moments.

Emilia went to Viktor's home with her piano and played for him for hours. She played all his favorite melodies and improvised beautiful pieces that she hoped would soothe his soul and bring him peace.

Eventually, the music stopped, and Viktor peacefully fell asleep with a smile on his lips. He had found comfort and joy in the music until the very end.

Under Äppelträden

I den lilla byn Högstorp, omgiven av grönskande ängar och lummiga skogar, fanns det en plats som alla bybor älskade att besöka - äppelodlingen. Det var en magisk plats där rad på rad av äppelträd sträckte sig mot himlen och de saftiga frukterna dignade från grenarna när hösten kom.

Mellan äppelträden fanns en liten glänta där en gammal bänk stod, gömd bland det gröna gräset och de doftande blommorna. Det var en plats där människor kom för att koppla av och njuta av naturens skönhet och lugn.

En dag kom en ung kvinna vid namn Klara till äppelodlingen. Hon hade precis flyttat till byn och visste inte mycket om dess invånare eller deras sätt att leva. Men när hon steg in i äppelodlingen och såg de gnistrande träden och den friska luften kände hon genast att hon hade hittat sitt fridfulla hörn av världen.

Klara vandrade längs de slingrande stigarna mellan äppelträden och fann sig snart vid den gamla bänken i gläntan. Hon slog sig ner och lät sig svepas in av lugnet och tystnaden som omgav henne. Hon kände sig som om hon hade kommit hem på något sätt, som om äppelodlingen hade välkomnat henne med öppna armar.

Medan Klara satt där och njöt av naturens skönhet, hörde hon plötsligt ett ljud bakom sig. Hon vände sig om och såg en gammal man komma gående längs stigen. Han var klädd i en enkel skjorta och slitna byxor och bar en korg i handen.

Mannen kom fram till bänken och hälsade artigt på Klara. Han berättade att hans namn var Anders och att han var äppelodlingens ägare. Han hade bott i byn i hela sitt liv och hade sett äppelodlingen växa och blomstra under årens lopp.

Anders började plocka äpplen från träden och lägga dem i sin korg med skickliga händer. Han berättade för Klara om äppelodlingens historia och om de olika sorterna av äpplen som växte där. Han verkade ha en djup förståelse för naturen och en kärlek till sitt arbete som Klara fann beundransvärd.

Snart började Klara och Anders att prata om livet och dess mysterier. De delade sina drömmar och tankar med varandra och fann en omedelbar koppling som var svår att förklara. Klara kände sig som om hon hade känt Anders i hela sitt liv, som om de var gamla vänner som återförenades efter lång tid ifrån varandra.

Medan de pratade, började solen sakta sjunka ner mot horisonten och kastade ett varmt, gyllene ljus över äppelodlingen. Klara och Anders satt kvar på bänken och tittade på den vackra solnedgången och kände sig som om tiden hade stannat för en stund, som om ingenting annat spelade någon roll än deras ögonblick av gemenskap och förståelse.

När det till sist var dags för Klara att gå hem, kände hon en sorgsenhet inom sig. Hon visste att hon skulle sakna äppelodlingen och de lugna stunderna hon hade tillbringat där med Anders. Men samtidigt visste hon att hon hade funnit något värdefullt i den lilla byn - en vän för livet och en plats att känna sig hemma.

Och så fortsatte Klara att besöka äppelodlingen och sitta på bänken under äppelträden, alltid med Anders vid sin sida. De delade många fler stunder av glädje och sorg, av skratt och tårar, och upptäckte att deras oväntade vänskap var den mest värdefulla skatten av dem alla.

Under the Apple Trees

In the small village of Högstorp, surrounded by verdant meadows and lush forests, there was a place that all villagers loved to visit - the apple orchard. It was a magical place where rows upon rows of apple trees stretched towards the sky, and the juicy fruits weighed down the branches when autumn arrived.

Between the apple trees, there was a small clearing where an old bench stood, hidden among the green grass and fragrant flowers. It was a place where people came to relax and enjoy the beauty and tranquility of nature.

One day, a young woman named Klara came to the apple orchard. She had just moved to the village and didn't know much about its inhabitants or their way of life. But as she stepped into the orchard and saw the sparkling trees and breathed in the fresh air, she immediately felt that she had found her peaceful corner of the world.

Klara wandered along the winding paths between the apple trees and soon found herself at the old bench in the clearing. She sat down and allowed herself to be enveloped by the calmness and silence that surrounded her. She felt as if she had come home in a way, as if the apple orchard had welcomed her with open arms.

While Klara sat there, enjoying the beauty of nature, she suddenly heard a sound behind her. She turned around and saw an old man walking along the path. He was dressed in a simple shirt and worn trousers and carried a basket in his hand.

The man approached the bench and greeted Klara politely. He told her that his name was Anders and that he was the owner of the apple orchard. He had lived in the village all his life and had seen the orchard grow and flourish over the years.

Anders began to pick apples from the trees and put them in his basket with skillful hands. He told Klara about the history of the orchard and the different varieties of apples that grew there. He seemed to have a deep understanding of nature and a love for his work that Klara found admirable.

Soon, Klara and Anders began to talk about life and its mysteries. They shared their dreams and thoughts with each other and found an immediate connection that was difficult to explain. Klara felt as if she had known Anders her whole life, as if they were old friends reuniting after a long time apart.

As they talked, the sun began to slowly sink towards the horizon, casting a warm, golden light over the apple orchard. Klara and Anders sat on the bench, watching the beautiful sunset, feeling as if time had stopped for a moment, as if nothing else mattered than their moment of companionship and understanding.

When it was finally time for Klara to go home, she felt a sadness within her. She knew she would miss the apple orchard and the quiet moments she had spent there with Anders. But at the same time, she knew she had found something valuable in the small village - a friend for life and a place to feel at home.

And so Klara continued to visit the apple orchard and sit on the bench under the apple trees, always with Anders by her side. They shared many more moments of joy and sorrow, of laughter and tears, and discovered that their unexpected friendship was the most valuable treasure of them all.

Klockan Tre på Stranden

I den lilla kuststaden Sandvik låg en lång sträcka av gyllene sand som sträckte sig så långt ögat kunde nå. Det var en plats där människor från när och fjärran samlades för att njuta av solens varma strålar och ljudet av vågorna som krusade mot stranden.

En vacker sommardag, precis klockan tre på eftermiddagen, samlades tre olika personer på denna strand. De hade alla sina egna anledningar till att vara där, men de visste inte att deras öden skulle flätas samman på ett oväntat sätt innan dagen var över.

Den första personen som kom till stranden var en kvinna vid namn Maria. Hon var en pensionerad lärare som hade flyttat till Sandvik för att njuta av lugnet och skönheten i den lilla staden vid havet. Hon älskade att promenera längs stranden och lyssna på ljudet av vågorna som slog mot kusten.

Maria kom till stranden varje dag vid samma tidpunkt, precis klockan tre på eftermiddagen. Det var hennes favorittid på dagen, när solen började sjunka mot horisonten och himlen fylldes av de mest fantastiska färger. Det var då hon kände sig mest levande och närvarande i stunden.

Den andra personen som kom till stranden var en man vid namn Henrik. Han var en framgångsrik affärsman som hade rest till Sandvik för att fly från stressen och pressen i sitt arbetsliv. Han hade hört talas om stadens vackra stränder och hade bestämt sig för att tillbringa några dagar där för att återhämta sig och samla nya krafter.

Henrik var en morgonmänniska och föredrog att komma till stranden tidigt på morgonen när det var som tystast och mest stilla. Men den här dagen hade han försovit sig och kom inte till stranden förrän klockan tre på eftermiddagen. Han var irriterad över sitt misstag men beslöt sig ändå för att göra det bästa av situationen och njuta av den vackra utsikten.

Den tredje personen som kom till stranden var en ung man vid namn David. Han var en konstnär som hade bott i Sandvik hela sitt liv och hade funnit inspiration och frid i stadens natursköna omgivningar. Han älskade att måla landskapet och människorna som bodde där och spenderade många timmar på stranden med sitt staffli och sina penslar.

David hade kommit till stranden för att fånga det magiska ljuset vid solnedgången och använda det som inspiration för sitt senaste konstverk. Han hade precis börjat måla när han såg Maria och Henrik komma gående längs stranden. Han visste inte vem de var, men han var nyfiken på deras berättelser och vad som hade fört dem till denna plats vid denna speciella tidpunkt.

Maria gick längs stranden med sina tankar och sinnet i harmoni med havets lugnande rörelser. Hon njöt av den friska brisen och kände sig som om allt var precis som det skulle vara i världen. Men hennes tankar avbröts när hon plötsligt märkte Henrik som stod några meter bort och stirrade ut över havet med ett uttryck av förlorad iakttagelse.

Henrik var försjunken i sina egna tankar när han plötsligt märkte Maria som kom gående längs stranden. Han hade aldrig sett henne förut, men det var något med hennes lugna och fridfulla uppträdande som fångade hans uppmärksamhet. Han kände sig dragen till henne på ett sätt han inte kunde förklara.

David tittade på Maria och Henrik från avståndet och kände sig inspirerad av deras närvaro. Han visste att han hade hittat det perfekta motivet för sitt konstverk och började måla frenetiskt medan solen sakta sjönk ner mot horisonten och färgade himlen i de vackraste nyanser av rött och guld.

Efter ett tag kom Maria och Henrik närmare varandra och började prata. De utbytte artighetsfraser och berättade om sina liv och sina resor till Sandvik. De upptäckte att de hade mycket gemensamt och att de delade samma kärlek till naturen och skönheten i den lilla kuststaden.

David fortsatte att måla och iakttog dem med intresse medan han lät sig inspireras av deras närvaro. Han visste inte vad som skulle hända mellan dem, men han visste att han hade fångat något unikt och värdefullt i sitt konstverk - ögonblicket då två främlingar möttes på en strand vid klockan tre på eftermiddagen.

Och så fortsatte historien att veckla ut sig, med Maria och Henrik som lärde känna varandra bättre och David som fängslades av deras historia och förevigade den på sin duk. De visste inte vad framtiden hade i beredskap för dem, men de visste att de hade funnit något speciellt i den lilla stunden av gemenskap och förståelse vid stranden vid klockan tre.

Three O'Clock at the Beach

In the small coastal town of Sandvik lay a long stretch of golden sand that extended as far as the eye could see. It was a place where people from near and far gathered to enjoy the warm rays of the sun and the sound of the waves lapping against the shore.

On a beautiful summer day, precisely at three o'clock in the afternoon, three different individuals arrived at this beach. They all had their own reasons for being there, but they did not know that their destinies would intertwine in an unexpected way before the day was over.

The first person to arrive at the beach was a woman named Maria. She was a retired teacher who had moved to Sandvik to enjoy the tranquility and beauty of the small seaside town. She loved to walk along the beach and listen to the sound of the waves crashing against the shore.

Maria came to the beach every day at the same time, precisely at three o'clock in the afternoon. It was her favorite time of day, when the sun began to sink towards the horizon and the sky was filled with the most amazing colors. It was when she felt most alive and present in the moment.

The second person to arrive at the beach was a man named Henrik. He was a successful businessman who had traveled to Sandvik to escape the stress and pressure of his work life. He had heard about the town's beautiful beaches and had decided to spend a few days there to relax and recharge.

Henrik was an early riser and preferred to come to the beach early in the morning when it was quietest and most still. But on this day, he had overslept and didn't arrive at the beach until three o'clock in the afternoon. He was annoyed by his mistake but decided to make the best of the situation and enjoy the beautiful view.

The third person to arrive at the beach was a young man named David. He was an artist who had lived in Sandvik all his life and had found inspiration and peace in the town's scenic surroundings. He loved to paint the landscape and the people who lived there and spent many hours on the beach with his easel and brushes.

David had come to the beach to capture the magical light at sunset and use it as inspiration for his latest artwork. He had just started painting when he saw Maria and Henrik walking along the beach. He didn't know who they were, but he was curious about their stories and what had brought them to this place at this particular time.

Maria walked along the beach with her thoughts and mind in harmony with the calming movements of the sea. She enjoyed the fresh breeze and felt as if everything was just as it should be in the world. But her thoughts were interrupted when she suddenly noticed Henrik standing a few meters away, staring out at the sea with an expression of lost observation.

Henrik was lost in his own thoughts when he suddenly noticed Maria walking along the beach. He had never seen her before, but there was something about her calm and peaceful demeanor that caught his attention. He felt drawn to her in a way he couldn't explain.

David watched Maria and Henrik from a distance and felt inspired by their presence. He knew he had found the perfect subject for his artwork and began to paint frantically as the sun slowly sank towards the horizon, painting the sky in the most beautiful shades of red and gold.

After a while, Maria and Henrik approached each other and began to talk. They exchanged pleasantries and told each other about their lives and their travels to Sandvik. They discovered that they had a lot in common and that they shared the same love for nature and the beauty of the small coastal town.

David continued to paint and observe them with interest as he allowed himself to be inspired by their presence. He didn't know what would happen between them, but he knew that he had captured something unique and valuable in his artwork - the moment when two strangers met on a beach at three o'clock in the afternoon.

And so the story continued to unfold, with Maria and Henrik getting to know each other better and David being captivated by their story and immortalizing it on his canvas. They didn't know what the future held for them, but they knew that they had found something special in the little moment of companionship and understanding on the beach at three o'clock.

Åskovädret

I den lilla staden Ljungby låg dagarna ofta stilla och lugna, men ibland, när sommaren var som mest intensiv, kunde ett åskoväder dra in över horisonten och förvandla himlen till ett spektakulärt skådespel av blixtar och dånande åska.

Det var en sådan kväll när Elsa satt ensam hemma i sitt lilla hus vid skogsbrynet. Regnmolnen hade hopat sig på himlen under hela dagen, och nu började den första åskan rulla in över staden med hot om ett intensivt oväder.

Elsa satt vid fönstret och tittade ut på himlen med en blandning av förväntan och spänning. Hon hade alltid älskat åskoväder, med dess kraftfulla blixtar och dånande ljud som fyllde luften. För henne var det som om naturen själv talade till henne, och hon kunde inte låta bli att känna sig levande och närvarande i ögonblicket.

Plötsligt, precis när det första blixtarna slog ner över horisonten, hörde Elsa ett knackande på dörren. Förvånad reste hon sig upp och gick för att öppna. Utanför stod en man med ett bekymrat uttryck i ansiktet och regnet som strilade ner över hans ansikte.

"Måste jag be om ursäkt för att jag stör, men jag behöver hjälp", sa mannen med en röst som darrade av oro. "Mitt hus ligger strax utanför staden, och jag är rädd att det inte kommer att stå emot åskovädret. Skulle du kunna tänka dig att ge mig skydd här hos dig tills ovädret har passerat?"

Elsa tvekade inte en sekund utan öppnade genast dörren och släppte in mannen. Hon visste att det var viktigt att hjälpa varandra i svåra tider, och hon kunde inte låta bli att känna medlidande med mannen som stod där ensam och rädd i regnet.

Mannen tackade Elsa och gick in i huset, och de satte sig tillsammans vid köksbordet medan åskan dånade utanför fönstret. Under tiden berättade mannen sin historia för Elsa. Hans namn var Johan, och han var en bonde som bodde ensam på sin gård utanför staden. Han hade kommit till stan för att göra ärenden och hade blivit överraskad av ovädret när det plötsligt brutit ut.

Elsa lyssnade uppmärksamt på Johans historia och kände medlidande med honom. Hon visste hur det var att känna sig ensam och rädd i en storm, och hon var glad att kunna erbjuda honom skydd i sitt hem tills ovädret hade passerat.

Medan de satt där och pratade, märkte Elsa att Johan verkade vara en trevlig och sympatisk man. Han hade ett varmt leende och vänliga ögon som utstrålade lugn och tillit. Hon började känna sig mer avslappnad och bekväm i hans sällskap, och hon kände en stark känsla av samhörighet med honom trots att de hade träffats för första gången.

Tiden gick, och åskan började sakta avta utanför fönstret. Elsa och Johan fortsatte att prata och skratta tillsammans och insåg att de hade mycket gemensamt. De hade båda kämpat med ensamhet och rädsla i sina liv, men nu hade de funnit tröst och stöd i varandras sällskap.

När ovädret till sist hade passerat och det var dags för Johan att gå hem, kände Elsa en känsla av sorg inom sig. Hon hade haft trevligt i hans sällskap och hade känt sig levande och närvarande under hela kvällen, och hon visste att hon skulle sakna honom när han var borta.

Men samtidigt visste hon att hon hade funnit en vän för livet i Johan och att deras vänskap skulle fortsätta att blomstra långt in i framtiden. För ibland är det i de mörkaste ögonblicken som de mest oväntade vänskaperna uppstår, och det är i gemenskapen med andra som vi finner styrka och tröst att fortsätta vår egen resa genom livet.

The Thunderstorm

In the small town of Ljungby, the days often passed quietly and calmly, but sometimes, when summer was at its most intense, a thunderstorm could roll in over the horizon and transform the sky into a spectacular display of lightning and rumbling thunder.

It was one such evening when Elsa sat alone in her small house at the edge of the forest. The rain clouds had gathered in the sky all day, and now the first thunder was rolling in over the town with the promise of an intense storm.

Elsa sat by the window, watching the sky with a mixture of anticipation and excitement. She had always loved thunderstorms, with their powerful lightning and booming sounds that filled the air. To her, it was as if nature itself was speaking to her, and she couldn't help but feel alive and present in the moment.

Suddenly, just as the first lightning bolts struck down over the horizon, Elsa heard a knock on the door. Surprised, she got up and went to open it. Outside stood a man with a worried expression on his face, rain streaming down his face.

"I must apologize for disturbing you, but I need help," the man said, his voice trembling with worry. "My house is just outside of town, and I'm afraid it won't withstand the thunderstorm. Could you consider giving me shelter here with you until the storm has passed?"

Elsa didn't hesitate for a second but immediately opened the door and let the man in. She knew it was important to help each other in difficult times, and she couldn't help but feel compassion for the man standing there alone and afraid in the rain.

The man thanked Elsa and entered the house, and they sat together at the kitchen table while the thunder rumbled outside the window. In the meantime, the man told Elsa his story. His name was Johan, and he was a farmer who lived alone on his farm outside of town. He had come to town to run errands and had been caught off guard by the sudden storm. Elsa listened attentively to Johan's story and felt sympathy for him. She knew what it was like to feel alone and afraid in a storm, and she was glad to be able to offer him shelter in her home until the storm had passed.

As they sat there talking, Elsa noticed that Johan seemed to be a pleasant and sympathetic man. He had a warm smile and kind eyes that radiated calm and trust. She began to feel more relaxed and comfortable in his presence, and she felt a strong sense of connection with him despite having met him for the first time.

Time passed, and the thunder began to slowly fade outside the window. Elsa and Johan continued to talk and laugh together, realizing that they had a lot in common. They had both struggled with loneliness and fear in their lives, but now they had found comfort and support in each other's company.

When the storm finally passed, and it was time for Johan to go home, Elsa felt a sense of sadness within her. She had enjoyed her time in his company and had felt alive and present throughout the evening, and she knew she would miss him when he was gone.

But at the same time, she knew that she had found a friend for life in Johan and that their friendship would continue to flourish far into the future. For sometimes, it is in the darkest moments that the most unexpected friendships arise, and it is in the company of others that we find the strength and comfort to continue our own journey through life.

Kattens Hemlighet på Grannens Tak

Det var en stilla sommarnatt i den lilla staden Lillköping. Månen kastade sitt mjuka sken över de tysta gatorna när en mystisk skugga smög sig längs med taken. Det var ingen vanlig skugga, utan en fyrbent varelse med lurvigt svart päls och glittrande ögon. Det var Kasper, kattvärldens mest äventyrliga upptäcktsresande.

Kasper hade ett hemligt uppdrag den här natten. Han hade fått reda på att grannen, herr Nilsson, hade försvunnit på ett mycket underligt sätt. Ryktet sa att han hade klättrat upp på sitt eget tak och sedan aldrig kommit ner igen. Ingen visste vad som hade hänt, och polisen hade gett upp hoppet om att hitta honom.

Men Kasper var inte som andra katter. Han hade en speciell gåva - förmågan att förstå människors språk. Det var en hemlighet som han delade med endast några få utvalda vänner. Nu var det upp till honom att lösa gåtan med herr Nilssons försvinnande och avslöja sanningen.

Med sina smidiga tassar och skarpa sinnen smög Kasper sig upp på grannens tak. Han kände doften av herr Nilsson i luften och visste att han var nära. Men vad han upptäckte där var långt mer oväntat än han hade kunnat föreställa sig.

På taket fanns en dold trädgård, gömd från människors ögon. Det var en magisk plats full av blommor och grönska, som om en bit av naturen hade tagit över grannens tak. Mitt i trädgården satt herr Nilsson, omgiven av växter och djur som verkade lyssna på varje ord han sa.

Kasper smög närmare för att höra vad herr Nilsson talade om. Han viskade till växterna och djuren om sina drömmar och längtan efter äventyr. Han verkade helt försjunken i sin egna värld, som om han hade glömt bort den verkliga världen utanför.

Det var då Kasper förstod sanningen bakom herr Nilssons försvinnande. Han hade inte försvunnit, han hade bara valt att fly till sitt eget lilla paradis på taket. Där kunde han vara fri från stadens stress och krav och leva i harmoni med naturen.

Kasper visste att han inte kunde avslöja hemligheten för resten av världen. Det var herr Nilssons eget val att stanna kvar på taket och leva sitt liv som han önskade. Istället smög han tillbaka ner på marken och lät herr Nilsson få behålla sin hemlighet.

The Cat's Secret on the Neighbor's Roof

It was a calm summer night in the small town of Lillköping. The moon cast its soft glow over the quiet streets as a mysterious shadow crept along the rooftops. It wasn't an ordinary shadow, but a four-legged creature with fluffy black fur and sparkling eyes. It was Kasper, the most adventurous explorer in the cat world.

Kasper had a secret mission that night. He had learned that the neighbor, Mr. Nilsson, had disappeared in a very strange way. Rumor had it that he had climbed onto his own roof and then never came down again. No one knew what had happened, and the police had given up hope of finding him.

But Kasper wasn't like other cats. He had a special gift - the ability to understand human language. It was a secret that he shared with only a few selected friends. Now it was up to him to solve the mystery of Mr. Nilsson's disappearance and uncover the truth.

With his agile paws and sharp senses, Kasper crept onto the neighbor's roof. He smelled Mr. Nilsson's scent in the air and knew he was close. But what he discovered there was far more unexpected than he could have imagined.

On the roof was a hidden garden, hidden from human eyes. It was a magical place full of flowers and greenery, as if a piece of nature had taken over the neighbor's roof. In the middle of the garden sat Mr. Nilsson, surrounded by plants and animals that seemed to listen to every word he said.

Kasper crept closer to hear what Mr. Nilsson was talking about. He whispered to the plants and animals about his dreams and longing for adventure. He seemed completely lost in his own world, as if he had forgotten the real world outside.

That's when Kasper understood the truth behind Mr. Nilsson's disappearance. He hadn't vanished; he had simply chosen to escape to his own little paradise on the roof. There, he could be free from the city's stress and demands and live in harmony with nature.

Kasper knew he couldn't reveal the secret to the rest of the world. It was Mr. Nilsson's own choice to stay on the roof and live his life as he wished. Instead, he sneaked back down to the ground and let Mr. Nilsson keep his secret.

Professor Gustavsson och de nya glasögonen

Det var en solig morgon i den lilla staden Lindköping. Professor Gustavsson, känd för sina uppfinningar och sitt nyfikna sinne, hade just vaknat upp med en känsla av förväntan. Han visste att det skulle vara en speciell dag - dagen då han äntligen skulle få sina nya glasögon.

Professor Gustavsson hade haft problem med synen i flera månader nu. Hans gamla glasögon hade blivit suddiga och han hade svårt att se detaljer när han arbetade på sina uppfinningar. Men nu hade optikern lovat honom ett par nya glasögon som skulle förbättra hans syn avsevärt. Med en känsla av spänning tog professor Gustavsson på sig sina kläder och gick ut på den soliga gatan. Han kände en pirrande känsla i magen när han tänkte på hur mycket lättare det skulle bli att arbeta med sina uppfinningar när han äntligen kunde se klart igen.

När han kom fram till optikerns butik möttes han av ett leende från den vänliga optikern, fru Persson. Hon visade honom in i en stol och började noggrant undersöka hans syn. Efter några minuter var det dags att prova de nya glasögonen.

Professor Gustavsson kände en känsla av förväntan när fru Persson lade de nya glasögonen på hans näsa. Han tittade omkring sig i butiken och märkte genast skillnaden. Allt var plötsligt så klart och skarpt, som om en dimma hade lyfts från hans ögon.

Han tackade fru Persson med ett stort leende och gick ut på gatan med sina nya glasögon. Han kunde knappt tro hur mycket bättre han såg nu och kände sig redo att återuppta sitt arbete med full kraft.

Men på vägen hem märkte professor Gustavsson något konstigt. Allt runt honom verkade plötsligt vara överdrivet skarpt och detaljerat. Han kunde se varje liten spricka i trottoaren och varje blad på träden var som om det var målat i hans ögon.

Han kände sig förvirrad och lite yr av den plötsliga förändringen i sin syn. Han bestämde sig för att ta en paus och sätta sig på en bänk i parken för att försöka vänja sig vid sina nya glasögon.

Medan han satt där och tittade på de livliga färgerna runt honom började han tänka på hur mycket vår syn påverkar vårt sätt att uppfatta världen. Han insåg att även om hans nya glasögon gjorde det lättare för honom att se, så förändrade de också hans uppfattning om verkligheten.

Han bestämde sig för att ge sina ögon lite tid att vänja sig vid de nya glasögonen och att inte låta sig bli överväldigad av den nya skarpheten i sin syn. Istället skulle han försöka se det som en möjlighet att utforska världen på ett nytt och annorlunda sätt.

Med den tanken reste sig professor Gustavsson från bänken och fortsatte sin promenad genom parken. Han visste att även om förändringen i hans syn var oväntad, så skulle det bara göra hans äventyr i uppfinnarvärlden ännu mer spännande och intressant.

Professor Gustavsson and the New Glasses

It was a sunny morning in the small town of Lindköping. Professor Gustavsson, known for his inventions and curious mind, had just woken up with a sense of anticipation. He knew it would be a special day - the day he would finally get his new glasses.

Professor Gustavsson had been having vision problems for several months now. His old glasses had become blurry, and he struggled to see details when working on his inventions. But now the optician had promised him a new pair of glasses that would significantly improve his vision.

With a feeling of excitement, Professor Gustavsson put on his clothes and went out onto the sunny street. He felt a tingling sensation in his stomach as he thought about how much easier it would be to work on his inventions once he could see clearly again.

When he arrived at the optician's shop, he was greeted by a smile from the friendly optician, Mrs. Persson. She ushered him into a chair and began to carefully examine his sight. After a few minutes, it was time to try on the new glasses.

Professor Gustavsson felt a sense of anticipation as Mrs. Persson placed the new glasses on his nose. He looked around the shop and immediately noticed the difference. Everything was suddenly so clear and sharp, as if a fog had been lifted from his eyes.

He thanked Mrs. Persson with a big smile and walked out onto the street with his new glasses. He could hardly believe how much better he could see now and felt ready to resume his work with full force.

But on the way home, Professor Gustavsson noticed something strange. Everything around him suddenly seemed overly sharp and detailed. He could see every little crack in the sidewalk, and every leaf on the trees was as if painted in his eyes.

He felt confused and a little dizzy from the sudden change in his vision. He decided to take a break and sit on a bench in the park to try to get used to his new glasses.

As he sat there, looking at the vibrant colors around him, he began to think about how much our vision affects our perception of the world. He realized that even though his new glasses made it easier for him to see, they also changed his perception of reality.

He decided to give his eyes some time to adjust to the new glasses and not let himself be overwhelmed by the new sharpness in his vision. Instead, he would try to see it as an opportunity to explore the world in a new and different way.

With that thought, Professor Gustavsson rose from the bench and continued his walk through the park. He knew that even though the change in his vision was unexpected, it would only make his adventures in the world of invention even more exciting and interesting.

Korv på stranden

Det var en varm sommardag vid kusten. Stranden var fylld med glada människor som njöt av solen, sanden och det salta vattnet. Doften av grillad mat fyllde luften när familjer och vänner samlades för att ha picknick och njuta av dagen tillsammans.

Bland alla som hade kommit för att njuta av dagen fanns två vänner, Emma och David. De hade känt varandra sedan barndomen och älskade att tillbringa sommardagar vid havet. Den här dagen hade de bestämt sig för att ta med sig en picknick och njuta av strandlivet.

Emma och David hade packat en kylväska full med läskande drycker, frukt och godsaker. Men det viktigaste av allt var korvarna de hade med sig för att grilla på stranden. Det var deras tradition att äta korv på stranden varje sommar, och de hade sett fram emot det sedan flera veckor tillbaka.

När de kom fram till stranden hittade de en mysig plats bland sanddynorna och bredde ut filtar för att sitta på. David satte genast igång med att tända grillen medan Emma förberedde korvarna med bröd och tillbehör.

Snart spred sig doften av grillad korv över stranden, och människor vände sina huvuden i riktning mot den lockande doften. Emma och David delade glatt med sig av sin mat till de andra strandbesökarna och skapade en trevlig och festlig atmosfär på stranden.

När de hade ätit klart bestämde de sig för att ta en simtur i det svalkande vattnet. De kastade sig i vågorna och skrattade när de kände det salta vattnet omfamna dem. Det var en dag fylld med skratt, glädje och vänskap - en dag som de skulle minnas länge.

När kvällen började närma sig och solen började sjunka mot horisonten, samlades Emma och David för att titta på solnedgången. De satt tysta bredvid varandra och beundrade det färgsprakande skådespelet på himlen.

Det var en perfekt avslutning på en perfekt dag.

Hot Dogs on the Beach

It was a hot summer day by the coast. The beach was filled with happy people enjoying the sun, the sand, and the salty water. The scent of grilled food filled the air as families and friends gathered for picnics and to enjoy the day together.

Among all those who had come to enjoy the day were two friends, Emma and David. They had known each other since childhood and loved spending summer days by the sea. On this day, they had decided to bring a picnic and enjoy beach life.

Emma and David had packed a cooler full of refreshing drinks, fruits, and snacks. But most importantly of all were the hot dogs they had brought to grill on the beach. It was their tradition to eat hot dogs on the beach every summer, and they had been looking forward to it for weeks. When they arrived at the beach, they found a cozy spot among the sand dunes and spread out blankets to sit on. David immediately started lighting the grill while Emma prepared the hot dogs with buns and toppings.

Soon, the scent of grilled hot dogs wafted over the beach, and people turned their heads towards the enticing smell. Emma and David happily shared their food with the other beachgoers, creating a pleasant and festive atmosphere on the beach.

After they had finished eating, they decided to take a swim in the cooling water. They threw themselves into the waves and laughed as they felt the salty water embrace them. It was a day filled with laughter, joy, and friendship - a day they would remember for a long time.

As evening approached and the sun began to sink towards the horizon, Emma and David gathered to watch the sunset. They sat quietly beside each other, admiring the colorful spectacle in the sky.

It was a perfect end to a perfect day.

Tant Karins Magiska Blomsterrabatt

I den lilla staden Högstaden låg Tant Karins hus, gömt bakom ett frodigt trädgårdsland. Tant Karin var känd i hela staden för sin fantastiska blomsterrabatt, en trädgård som verkade ha ett magiskt skimmer över sig. Människor kom från när och fjärran för att beundra hennes vackra blommor och förundras över deras otroliga skönhet.

Men det var något speciellt med Tant Karins blommor som få visste - de hade en magisk kraft. Varje blomma som Tant Karin planterade hade förmågan att sprida glädje och lycka till dem som hade turen att se dem. Det var därför som hennes trädgård var så älskad av alla som kände till dess hemlighet.

En dag bestämde sig Tant Karin för att bjuda in sina grannar till en trädgårdsfest för att fira sommaren och de vackra blommorna i hennes rabatt. Grannarna tackade glatt ja till inbjudan och kom med buketter av blommor och godsaker att dela med sig av.

När festen började var trädgården fylld med skratt och glädje. Människor gick runt och beundrade Tant Karins blommor, förundrade över deras färger och dofter. Men det var när de plockade en blomma och lade den i sina fickor som de upptäckte dess verkliga kraft.

När de kom hem med blommorna började magin genast göra sitt arbete. De som hade varit stressade och oroliga fann plötsligt en känsla av lugn och frid. De som hade varit ledsna och nedstämda kände plötsligt en glimt av hopp och lycka. Och de som hade varit ensamma och isolerade fann plötsligt gemenskap och kärlek omkring sig.

Ord om Tant Karins magiska blommor spreds snabbt genom staden, och snart kom människor från alla håll och kanter för att se dem med egna ögon.

Men trots all uppmärksamhet förblev Tant Karin ödmjuk och enkel. För henne var trädgården inte bara en plats att odla blommor - det var en plats att sprida kärlek och välgång till alla som behövde det. Och så fortsatte hon att odla sina magiska blommor och sprida sin kärlek till världen, en blomma åt gången.

Aunt Karin's Magical Flowerbed

In the small town of Highstown, Aunt Karin's house lay hidden behind a lush garden plot. Aunt Karin was known throughout the town for her fantastic flowerbed, a garden that seemed to have a magical glow about it. People came from near and far to admire her beautiful flowers and marvel at their incredible beauty.

But there was something special about Aunt Karin's flowers that few knew - they had a magical power. Every flower Aunt Karin planted had the ability to spread joy and happiness to those lucky enough to see them. That's why her garden was so beloved by all who knew its secret.

One day, Aunt Karin decided to invite her neighbors to a garden party to celebrate the summer and the beautiful flowers in her flowerbed. The neighbors gladly accepted the invitation and arrived with bouquets of flowers and treats to share.

As the party began, the garden was filled with laughter and joy. People walked around admiring Aunt Karin's flowers, marveling at their colors and scents. But it was when they picked a flower and put it in their pockets that they discovered its true power.

When they got home with the flowers, the magic immediately began to work its wonders. Those who had been stressed and worried suddenly found a sense of calm and peace. Those who had been sad and downcast suddenly felt a glimmer of hope and happiness. And those who had been lonely and isolated suddenly found companionship and love around them.

Word of Aunt Karin's magical flowers spread quickly through the town, and soon people from all over came to see them with their own eyes.

But despite all the attention, Aunt Karin remained humble and modest. For her, the garden wasn't just a place to grow flowers - it was a place to spread love and well-being to all who needed it. And so she continued to cultivate her magical flowers and spread her love to the world, one flower at a time.

Tandläkaren som sjöng

I den lilla staden Lövdala fanns det en tandläkare som var känd för något helt annorlunda än sina tandvårdsfärdigheter. Dr. Anna Andersson, eller "den sjungande tandläkaren" som hon kallades av sina patienter, hade en speciell gåva - hon kunde få alla att känna sig lugna och avslappnade med sin vackra sångröst.

Det var något magiskt med Dr. Anderssons sång. När hon sjöng för sina patienter verkade all oro och ångest bara försvinna som genom ett trollslag. De kände sig genast avslappnade och trygga, även när de satt i tandläkarstolen med munnen full av verktyg.

Men Dr. Anderssons sångtalang var inte bara till nytta för hennes patienter - den hade också blivit en del av staden Lövdalas kultur. Varje fredagskväll kunde man höra henne sjunga på stadens torg, omgiven av en grupp av sina trogna vänner och beundrare.

En dag kom en ny patient till Dr. Anderssons tandläkarmottagning. Det var en ung man vid namn Erik, som hade hört talas om Dr. Anderssons rykte som den sjungande tandläkaren och var nyfiken på att uppleva det själv.

När Erik kom in i väntrummet och hörde Dr. Andersson sjunga för en annan patient, kände han sig genast lugnare och mer avslappnad. Han visste att han hade kommit till rätt ställe.

När det blev Eriks tur att gå in till behandlingsrummet, möttes han av Dr. Anderssons vänliga leende och sång. Hon sjöng en lugnande melodi medan hon utförde sina undersökningar, och Erik kände sig mer avslappnad än han någonsin hade gjort hos en tandläkare tidigare.

Efter besöket kände sig Erik som en ny människa. Han hade inte bara fått en grundlig tandvårdsbehandling, utan hade också upplevt den magiska kraften i Dr. Anderssons sång. Han visste att han skulle komma tillbaka till henne igen, inte bara för att få sina tänder fixade, utan också för att få uppleva hennes underbara sångröst en gång till.

Och så fortsatte Dr. Andersson att sjunga och vårda tänderna i den lilla staden Lövdala, spridande glädje och välbefinnande till alla som kom till henne, en ton och en tand åt gången.

The Singing Dentist

In the small town of Leafdale, there was a dentist known for something entirely different than her dental skills. Dr. Anna Andersson, or "the singing dentist" as she was called by her patients, had a special gift - she could make everyone feel calm and relaxed with her beautiful singing voice.

There was something magical about Dr. Andersson's singing. When she sang to her patients, all worries and anxieties seemed to vanish as if by magic. They immediately felt relaxed and secure, even when sitting in the dentist's chair with their mouths full of tools.

But Dr. Andersson's singing talent was not only beneficial for her patients - it had also become part of the culture of Leafdale town. Every Friday evening, you could hear her singing in the town square, surrounded by a group of her loyal friends and admirers.

One day, a new patient arrived at Dr. Andersson's dental clinic. It was a young man named Erik, who had heard about Dr. Andersson's reputation as the singing dentist and was curious to experience it for himself.

As Erik entered the waiting room and heard Dr. Andersson singing to another patient, he immediately felt calmer and more relaxed. He knew he had come to the right place.

When it was Erik's turn to go into the treatment room, he was greeted by Dr. Andersson's friendly smile and singing. She sang a soothing melody while performing her examinations, and Erik felt more relaxed than he had ever felt at a dentist before.

After the visit, Erik felt like a new person. Not only had he received thorough dental treatment, but he had also experienced the magical power of Dr. Andersson's singing. He knew he would come back to her again, not only to get his teeth fixed but also to experience her wonderful singing voice once more.

And so, Dr. Andersson continued to sing and care for teeth in the small town of Leafdale, spreading joy and well-being to all who came to her, one note and one tooth at a time.

En ny bil till morfar

Det var en vacker sommardag i den lilla staden Solskiftet. Solen sken från en klarblå himmel och fåglarna kvittrade glatt i träden. Det var en perfekt dag för äventyr, och Linnéa visste precis vad hon ville göra - hon skulle överraska sin kära morfar med en ny bil.

Morfar Stig hade alltid varit där för henne. Han hade tagit hand om henne sedan hon var en liten flicka och hade alltid funnits där för att ge henne kloka råd och stöd. Nu, när han hade blivit äldre, märkte Linnéa att det blev svårare för honom att ta sig runt med den gamla bilen.

Så hon bestämde sig för att göra något speciellt för honom - hon skulle köpa en ny bil och överraska honom med den. Hon visste att det skulle göra honom så lycklig och att det skulle göra det lättare för honom att ta sig runt och fortsätta utforska världen.

Linnéa började söka efter den perfekta bilen till morfar. Hon tittade på olika modeller och märken, och till slut hittade hon en som hon visste att han skulle älska - en rymlig och pålitlig bil med massor av säkerhetsfunktioner och bekvämligheter.

När hon hade hittat den perfekta bilen, gick hon till bilhandlaren för att köpa den. Hon kände sig nervös men också ivrig att se morfars reaktion när han fick veta om hennes överraskning.

När dagen för överraskningen äntligen kom, var Linnéa nervös men också fylld av förväntan. Hon visste att morfar skulle bli så glad över den nya bilen och att det skulle vara en dag som de båda skulle minnas för alltid.

När hon körde upp till morfars hus med den nya bilen, kunde hon knappt bärga sig. Morfar öppnade dörren och tittade förvånat på den blanka bilen som stod på uppfarten.

"Vad är det här?" frågade han förvånat.

Linnéa log brett och sa: "Det är din nya bil, morfar! Jag ville ge dig något speciellt för allt du har gjort för mig genom åren. Jag hoppas att du gillar den."

Morfar kunde knappt tro sina ögon. Han hade aldrig förväntat sig en sådan generös gest från sin älskade Linnéa. Tårarna började rinna nerför hans kinder när han kramade henne hårt.

"Tack, min kära Linnéa," sa han med rodnande kinder. "Det här är det finaste jag någonsin har fått. Jag kommer att vårda den här bilen och ta hand om den precis som jag har tagit hand om dig."

Linnéa och morfar gick runt bilen tillsammans och tittade på alla fina detaljer. Morfar kunde inte sluta le och Linnéa kände sig så lycklig att hon hade kunnat ge honom en sådan glädje.

Sedan körde de iväg i den nya bilen, redo att utforska världen tillsammans. Det var en dag fylld av kärlek, glädje och äventyr - en dag som de båda skulle minnas för alltid.

A New Car for Grandpa

It was a beautiful summer day in the small town of Sunshift. The sun was shining from a clear blue sky, and the birds were chirping happily in the trees. It was a perfect day for adventure, and Linnéa knew exactly what she wanted to do - she was going to surprise her dear grandpa with a new car.

Grandpa Stig had always been there for her. He had taken care of her since she was a little girl and had always been there to give her wise advice and support. Now, as he had grown older, Linnéa noticed that it was becoming more difficult for him to get around with the old car.

So she decided to do something special for him - she would buy a new car and surprise him with it. She knew it would make him so happy and that it would make it easier for him to get around and continue exploring the world.

Linnéa began searching for the perfect car for grandpa. She looked at different models and brands, and eventually she found one that she knew he would love - a spacious and reliable car with lots of safety features and amenities.

Once she had found the perfect car, she went to the car dealership to buy it. She felt nervous but also eager to see grandpa's reaction when he found out about her surprise.

When the day of the surprise finally came, Linnéa was nervous but also filled with anticipation. She knew that grandpa would be so happy about the new car and that it would be a day that they would both remember forever.

As she drove up to grandpa's house with the new car, she could hardly contain her excitement. Grandpa opened the door and looked surprised at the shiny car parked in the driveway.

"What's this?" he asked in amazement.

Linnéa smiled broadly and said, "It's your new car, grandpa! I wanted to give you something special for everything you've done for me over the years. I hope you like it."

Grandpa could hardly believe his eyes. He had never expected such a generous gesture from his beloved Linnéa. Tears started rolling down his cheeks as he hugged her tightly.

"Thank you, my dear Linnéa," he said with flushed cheeks. "This is the nicest thing I've ever received. I will take care of this car and cherish it just like I have taken care of you."

Linnéa and grandpa walked around the car together, admiring all the fine details. Grandpa couldn't stop smiling, and Linnéa felt so happy that she had been able to bring him such joy.

Then they drove off in the new car, ready to explore the world together. It was a day filled with love, joy, and adventure - a day that they would both remember forever.

Skratt och ost

I den pittoreska byn Månsarp låg en liten ostbutik som var känd för något mer än bara sina utsökta ostar - den var också känd för att sprida glädje och skratt till alla som besökte den.

Ostbutiken ägdes av en kvinna vid namn Astrid, som hade en sprudlande personlighet och en oemotståndlig förmåga att få folk att skratta. Hon hade en rad olika skämt och historier som hon delade med sina kunder medan de valde ut sina favoritostar.

En dag kom en ung man vid namn Erik in i ostbutiken. Han hade hört talas om dess rykte som en plats där man kunde hitta de bästa ostarna i stan, men han hade inte förväntat sig den glädje och det skratt som han skulle uppleva där.

När han kom in i butiken möttes han av Astrids strålande leende och glada humör. Hon började genast att berätta ett skämt om en ko som gick in i en ostaffär, och snart var både hon och Erik rullande av skratt.

Efter att de hade lugnat ner sig lite grann, började Astrid att visa Erik runt i butiken och berätta om de olika ostarna som de hade till försäljning. Hon gav honom smakprov på flera olika sorter och delade med sig av sina bästa tips för att para ihop dem med vin och kex.

Erik kunde inte låta bli att imponeras av Astrids kunskap och entusiasm för ost. Han hade aldrig tidigare träffat någon som var så passionerad för något så enkelt som ost, och han kände sig genast dragen till henne.

När han hade valt ut några olika ostar att köpa med sig hem, kände han en stund av vemod när han insåg att det var dags att lämna butiken. Men Astrid hade andra planer.

"Innan du går, måste du lova mig en sak," sa hon och log hemlighetsfullt.

Erik nickade nyfiket och undrade vad det kunde vara.

"Du måste lova att komma tillbaka hit nästa vecka för vår ost- och skrattkväll," fortsatte Astrid. "Vi träffas varje torsdag för att prova nya ostar och skratta tillsammans. Det är en tradition som jag tror att du kommer att tycka om."

Erik kunde knappt tro sina öron. Han hade aldrig hört talas om något liknande, men han kände sig genast lockad av idén att spendera en kväll i gott sällskap, njutande av läcker ost och skratt.

"Det låter fantastiskt," sa han med ett brett leende. "Jag lovar att vara här nästa vecka."

Och så fortsatte Erik att besöka ostbutiken varje torsdag för att delta i deras ost- och skrattkvällar. Han träffade nya människor, provade nya ostar och skrattade mer än han någonsin hade gjort tidigare.

Och varje gång han gick ut genom dörren kände han sig fylld av glädje och tacksamhet för den underbara platsen som Astrid hade skapat - en plats där skratt och ost förenades för att skapa magiska stunder av gemenskap och glädje.

Laughter and Cheese

In the picturesque village of Månsarp, there was a small cheese shop known for something more than just its exquisite cheeses - it was also known for spreading joy and laughter to all who visited it.

The cheese shop was owned by a woman named Astrid, who had a bubbly personality and an irresistible ability to make people laugh. She had a range of jokes and stories that she shared with her customers while they selected their favorite cheeses.

One day, a young man named Erik entered the cheese shop. He had heard about its reputation as a place where one could find the best cheeses in town, but he had not expected the joy and laughter that he would experience there.

As he entered the shop, he was greeted by Astrid's radiant smile and cheerful demeanor. She immediately started telling a joke about a cow that walked into a cheese shop, and soon both she and Erik were rolling with laughter.

After they had calmed down a bit, Astrid began to show Erik around the shop and tell him about the different cheeses they had for sale. She gave him samples of several different varieties and shared her best tips for pairing them with wine and crackers.

Erik couldn't help but be impressed by Astrid's knowledge and enthusiasm for cheese. He had never before met anyone so passionate about something as simple as cheese, and he immediately felt drawn to her.

When he had chosen a few different cheeses to purchase, he felt a moment of sadness when he realized it was time to leave the shop. But Astrid had other plans.

"Before you go, you must promise me something," she said, smiling mysteriously.

Erik nodded curiously, wondering what it could be.

"You must promise to come back here next week for our cheese and laughter evening," Astrid continued. "We meet every Thursday to try new cheeses and laugh together. It's a tradition that I think you will enjoy."

Erik could hardly believe his ears. He had never heard of anything like it, but he immediately felt drawn to the idea of spending an evening in good company, enjoying delicious cheese and laughter.

"That sounds fantastic," he said with a wide smile. "I promise to be here next week."

And so Erik continued to visit the cheese shop every Thursday to participate in their cheese and laughter evenings. He met new people, tried new cheeses, and laughed more than he ever had before.

And every time he walked out the door, he felt filled with joy and gratitude for the wonderful place that Astrid had created - a place where laughter and cheese came together to create magical moments of community and joy.

Skolan för lata teälskare

I den lilla staden Tebyn fanns det en speciell skola som var känd över hela landet. Det var inte en vanlig skola med matematik och historia som huvudämnen. Nej, det var en skola för dem som älskade te men var alltför lata för att bry sig om att brygga det själva.

Skolan för lata teälskare hade grundats av en man vid namn Herr Gustafsson. Han hade en passion för te och ville dela med sig av sin kärlek till drycken till andra. Men han visste också att många människor var för upptagna eller lata för att bry sig om att brygga sitt eget te.

Så han skapade skolan för att ge dem en plats där de kunde njuta av en god kopp te utan att behöva anstränga sig för att göra det själva. På skolan hade de en mängd olika teer att välja mellan, från klassiska svarta teer till exotiska gröna och örtteer.

En dag kom en ung kvinna vid namn Emma till skolan för att lära sig mer om te. Hon hade alltid älskat drycken men hade aldrig riktigt tagit sig tid att lära sig brygga det på rätt sätt. Nu var det dags för henne att ändra på det.

När hon kom in i skolan möttes hon av den underbara doften av te som fyllde luften. Hon kände sig genast hemma och visste att hon hade kommit till rätt ställe.

Herr Gustafsson välkomnade henne varmt och började genast att berätta om de olika teerna de hade till försäljning. Han visade henne hur man brygger det perfekta koppen te och delade med sig av sina bästa tips för att få fram de olika smakerna.

Emma lyssnade ivrigt och provade flera olika teer under sitt besök. Hon kunde knappt bärga sig att komma hem och prova att brygga dem själv.

När hon gick ut från skolan kände hon sig fylld av ny kunskap och inspiration. Hon visste att hon aldrig skulle behöva dricka dåligt bryggt te igen, tack vare den underbara skolan för lata teälskare.

The School for Lazy Tea Drinkers

In the small town of Teatown, there was a special school known throughout the country. It wasn't a regular school with mathematics and history as main subjects. No, it was a school for those who loved tea but were too lazy to bother brewing it themselves.

The School for Lazy Tea Drinkers had been founded by a man named Mr. Gustafsson. He had a passion for tea and wanted to share his love for the drink with others. But he also knew that many people were too busy or lazy to bother brewing their own tea.

So he created the school to provide them with a place where they could enjoy a good cup of tea without having to make the effort themselves. At the school, they had a variety of teas to choose from, ranging from classic black teas to exotic green and herbal teas.

One day, a young woman named Emma came to the school to learn more about tea. She had always loved the drink but had never really taken the time to learn how to brew it properly. Now it was time for her to change that.

As she entered the school, she was greeted by the wonderful smell of tea filling the air. She immediately felt at home and knew she had come to the right place.

Mr. Gustafsson welcomed her warmly and immediately began to tell her about the different teas they had for sale. He showed her how to brew the perfect cup of tea and shared his best tips for bringing out the different flavors.

Emma listened eagerly and tried several different teas during her visit. She could hardly wait to get home and try brewing them herself.

As she left the school, she felt filled with new knowledge and inspiration. She knew she would never have to drink poorly brewed tea again, thanks to the wonderful School for Lazy Tea Drinkers.

Blå är färgen

I den lilla staden Blåstad, där himlen alltid var klarblå och havet sträckte sig så långt ögat kunde nå, fanns det en speciell tradition som alla invånare deltog i varje år. Det var Blåstadens årliga färgfestival, då invånarna klädde sig helt i blått för att fira den vackra färgen som omgav dem.

Det var en dag då hela staden förvandlades till ett hav av blått. De flesta gatorna var dekorerade med blåa flaggor och banderoller, och invånarna bar allt från ljusblåa klänningar till mörkblåa kostymer för att visa sin kärlek till färgen.

Men det fanns en person i Blåstad som inte delade invånarnas passion för blått. Det var en ung kvinna vid namn Sofia, som hade bott i staden hela sitt liv men aldrig förstått fascinationen för färgen.

Sofia hade alltid föredragit andra färger framför blått. Hon älskade den varma glöden av solnedgången och den mjuka nyansen av lövverk på hösten. För henne var blått bara en tråkig färg som inte väckte några känslor i henne alls.

Men trots hennes brist på entusiasm för blått, kände Sofia ändå att hon ville delta i färgfestivalen. Hon ville inte stå utanför när hela staden firade, även om hon inte förstod charmen med den blå färgen.

Så hon bestämde sig för att klä sig helt i blått för festivalen, trots sina egna tvivel och motvilja. Hon köpte en ljusblå klänning och ett par mörkblåa skor och gick ut på gatorna för att delta i festligheterna.

När hon kom ut på gatorna mottes hon av en syn som hon aldrig hade sett förut. Överallt runt henne var människor klädda i blått och lekte och dansade med varandra med ett leende på läpparna. Det var som om hela staden hade kommit till liv i färgen blå.

Sofia kunde inte låta bli att bli överraskad av den glädje och entusiasm som färgfestivalen väckte hos invånarna. Trots hennes tidigare tvivel kände hon sig plötsligt glad över att ha deltagit.

Under festivalens gång träffade Sofia en äldre man vid namn Anders, som också verkade vara lite skeptisk till färgen blå. De började prata och upptäckte att de hade mycket gemensamt. De delade båda en kärlek till naturen och en önskan att utforska världen.

Som dagen gick blev Sofia och Anders vänner och fortsatte att utforska festivalen tillsammans. De dansade runt på gatorna och njöt av alla de olika aktiviteterna som staden hade att erbjuda.

Mot slutet av dagen satt de ner tillsammans på en bänk vid havet och tittade ut över det klarblåa vattnet. Sofia kände sig lyckligare än hon hade känt på länge och insåg att det inte spelade någon roll vilken färg hon bar - det var gemenskapen och glädjen som räknades mest.

Och så, när solen gick ner över horisonten och staden badade i det mjuka skenet av kvällsljuset, kände Sofia att hon hade upptäckt en ny kärlek till färgen blå.

Blue is the Color

In the small town of Bluestad, where the sky was always clear blue and the sea stretched as far as the eye could see, there was a special tradition that all residents participated in every year. It was Bluestad's annual color festival, when the inhabitants dressed entirely in blue to celebrate the beautiful color that surrounded them.

It was a day when the whole town turned into a sea of blue. Most streets were adorned with blue flags and banners, and the residents wore everything from light blue dresses to dark blue suits to show their love for the color.

But there was one person in Bluestad who did not share the residents' passion for blue. It was a young woman named Sofia, who had lived in the town all her life but had never understood the fascination with the color.

Sofia had always preferred other colors to blue. She loved the warm glow of the sunset and the soft shade of leaves in the autumn. To her, blue was just a dull color that didn't evoke any emotions in her at all.

But despite her lack of enthusiasm for blue, Sofia still felt that she wanted to participate in the color festival. She didn't want to be left out when the whole town was celebrating, even if she didn't understand the charm of the color blue.

So she decided to dress entirely in blue for the festival, despite her own doubts and reluctance. She bought a light blue dress and a pair of dark blue shoes and went out into the streets to join in the festivities.

As she stepped out onto the streets, she was greeted by a sight she had never seen before. Everywhere around her, people were dressed in blue and playing and dancing with each other with smiles on their faces. It was as if the whole town had come to life in the color blue.

Sofia couldn't help but be surprised by the joy and enthusiasm that the color festival brought out in the residents. Despite her previous doubts, she suddenly felt glad to have participated.

During the festival, Sofia met an elderly man named Anders, who also seemed to be a bit skeptical about the color blue. They started talking and discovered that they had a lot in common. They both shared a love of nature and a desire to explore the world.

As the day went on, Sofia and Anders became friends and continued to explore the festival together. They danced around the streets and enjoyed all the different activities that the town had to offer.

Towards the end of the day, they sat down together on a bench by the sea and looked out over the clear blue water. Sofia felt happier than she had in a long time and realized that it didn't matter what color she wore - it was the companionship and joy that mattered most.

And so, as the sun set over the horizon and the town bathed in the soft glow of the evening light, Sofia felt that she had discovered a new love for the color blue.

Dansa på stranden

Det var en varm sommardag när Elin bestämde sig för att ta en promenad längs stranden. Solen strålade från en klarblå himmel och ljudet av vågorna som slog mot stranden fyllde luften med en lugnande melodi. För Elin var stranden alltid en plats för frid och glädje, och hon kunde inte tänka sig något bättre sätt att tillbringa dagen på.

Hon vandrade längs den mjuka sanden, njutande av känslan av solens strålar mot huden och doften av saltvatten i luften. Det var något särskilt med att vara vid havet som fick henne att känna sig levande och fri.

När hon kom längre ner längs stranden hörde hon plötsligt ljudet av musik som spelades på avstånd. Nyfiken vände hon sig mot ljudet och upptäckte en liten grupp människor som dansade på stranden. De rörde sig med lätta och glada steg till musiken, som om de dansade i takt med havets vågor.

Elin kände genast en längtan att vara med och dansa med dem. Hon hade alltid älskat att dansa och kände att det skulle vara en fantastisk upplevelse att dansa på stranden under den varma sommarsolen.

Så hon gick fram till gruppen och bjöd in sig själv att delta. De välkomnade henne med öppna armar och snart var hon en del av den glada skaran, dansande och skrattande under den klarblå himlen.

Tillsammans dansade de bort timmarna, glömda i ögonblickets fröjd och glädje. De lät musiken och havet leda dem i dansen, och för en stund kände de sig som om de var de enda människorna på jorden.

När solen började gå ner över horisonten och himlen färgades i nyanser av orange och rosa, avslutade de sin dans och satte sig ner på stranden för att titta på solnedgången tillsammans. Det var en magisk stund, fylld av tacksamhet och kärlek för livet och för varandra.

När Elin gick hem senare den kvällen, kände hon sig fylld av lycka och frid. Hon visste att hon för alltid skulle minnas den där dagen när hon dansade på stranden och kände sig helt och hållet levande. För i slutändan var det inte bara en dans på stranden - det var en dans med livet självt.

Dancing on the Beach

It was a warm summer day when Elin decided to take a walk along the beach. The sun was shining from a clear blue sky, and the sound of the waves crashing against the shore filled the air with a soothing melody. For Elin, the beach was always a place of peace and joy, and she couldn't imagine a better way to spend the day.

She strolled along the soft sand, enjoying the feeling of the sun's rays on her skin and the scent of saltwater in the air. There was something special about being by the sea that made her feel alive and free.

As she walked further down the beach, she suddenly heard the sound of music playing in the distance. Curious, she turned towards the sound and discovered a small group of people dancing on the beach. They moved with light and joyful steps to the music, as if dancing to the rhythm of the ocean waves.

Elin immediately felt a longing to join them in dancing. She had always loved to dance and felt that it would be a fantastic experience to dance on the beach under the warm summer sun.

So she approached the group and invited herself to join in. They welcomed her with open arms, and soon she was part of the happy crowd, dancing and laughing under the clear blue sky.

Together they danced away the hours, lost in the joy and bliss of the moment. They let the music and the sea guide them in their dance, and for a while, they felt as if they were the only people on earth.

As the sun began to set over the horizon and the sky was painted in shades of orange and pink, they ended their dance and sat down on the beach to watch the sunset together. It was a magical moment, filled with gratitude and love for life and for each other.

As Elin walked home later that evening, she felt filled with happiness and peace. She knew that she would always remember that day when she danced on the beach and felt completely alive. Because in the end, it wasn't just a dance on the beach - it was a dance with life itself.